NOTA A LOS PADRES

Aprender a leer es uno de los logros más importantes de la infancia. Los libros de *¡Hola, lector!* están diseñados para ayudar al niño a convertirse en un diestro lector y a gozar de la lectura. Cuando aprende a leer, el niño lo hace recordando las palabras más frecuentes como "la", "los", y "es"; reconociendo el sonido de las sílabas para descifrar nuevas palabras; e interpretando los dibujos y las pautas del texto. Estos libros le ofrecen al mismo tiempo historias entretenidas y la estructura que necesita para leer solo y de corrido. He aquí algunas sugerencias para ayudar a su niño *antes*, *durante* y *después* de leer.

Antes
- Mire los dibujos de la tapa y haga que su niño anticipe de qué se trata la historia.
- Léale la historia.
- Aliéntelo para que participe con frases y palabras familiares.
- Lea la primera línea y haga que su niño la lea después de usted.

Durante
- Haga que su niño piense sobre una palabra que no reconoce inmediatamente. Ayúdelo con indicaciones como: "¿Reconoces este sonido?", "¿Ya hemos leído otras palabras como ésta?"
- Aliente a su niño a reproducir los sonidos de las letras para decir nuevas palabras.
- Cuando necesite ayuda, pronuncie usted la palabra para que no tenga que luchar mucho y que la experiencia de la lectura sea positiva.
- Aliéntelo a divertirse leyendo con mucha expresión... ¡como un actor!

Después
- Pídale que haga una lista con sus palabras favoritas.
- Aliéntelo a que lea una y otra vez los libros. Pídale que se los lea a sus hermanos, abuelos y hasta a sus animalitos de peluche. La lectura repetida desarrolla la confianza en los pequeños lectores.
- Hablen de las historias. Pregunte y conteste preguntas. Compartan ideas sobre los personajes y las situaciones del libro más divertidas e interesantes.

Espero que usted y su niño aprecien este libro.

—Francie Alexander
Especialista en lectura
Scholastic's Learning Ventures

Para mi madre, Lil Carrie, y mi hijo, Damon
—G.J.

Para Laura y David Kranefeld
—C.C.

Originally published in English as *The First Thanksgiving.*

Translated by Miriam Fabiancic.

ISBN 0-439-31733-9

Library of Congress Cataloging-in-Publication data available

12 11 10 9 8 7 6 5 4 3 2   01 02 03 04 05

Printed in the U.S.A.   24
First Scholastic Spanish printing, September 2001

EL PRIMER DÍA DE ACCIÓN DE GRACIAS

por Garnet Jackson
Ilustrado por Carolyn Croll

¡Hola, lector! — Nivel 3

Scholastic Inc. Cartwheel B·O·O·K·S®

New York Toronto London Auckland Sydney
Mexico City New Delhi Hong Kong Buenos Aires

El 6 de septiembre de 1620, el Mayflower, un barco de madera, se hizo a la mar rumbo a América. Partió de Inglaterra con 102 personas a bordo. Estos viajeros se conocen hoy con el nombre de Peregrinos.

Los Peregrinos se fueron de Inglaterra porque su rey, Jaime I, no los dejaba practicar su religión libremente. Entonces decidieron partir en busca de nuevas tierras.

A veces el mar estaba en calma, el tiempo era agradable y los pájaros acompañaban a la nave. Los peces salían a la superficie y se sumergían en las claras aguas azules. Los niños que viajaban a bordo se divertían cantando y jugando a las palmas.

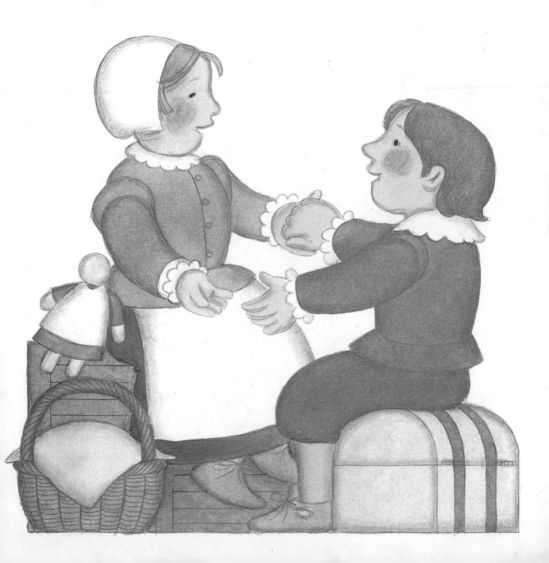

Otras veces el mar estaba revuelto y el cielo anunciaba una tormenta. Las gotas gruesas de lluvia caían en el mar y salpicaban la cubierta del barco. Las grandes olas hacían tambalear el barco y los niños se asustaban.

El Mayflower siguió cruzando el océano por dos largos meses, con más tormentas que días soleados. Al final del largo viaje, los Peregrinos divisaron tierra.

—¡Tierra a la vista! —gritó alguien.

El Mayflower se fue acercando a la costa. Sólo se veían árboles muy altos hasta donde la vista alcanzaba.

—¡Hemos encontrado el Nuevo Mundo! —gritó alguien.

Los Peregrinos estaban felices.

El barco se fue internando lentamente en la bahía. Los Peregrinos echaron el ancla y pisaron tierra firme. Habían llegado al territorio de la Nación Wampanoag, el pueblo de los Patuxet.

—Esta tierra se llamará Nueva Inglaterra —dijo William Bradford, el jefe del grupo.

En la actualidad, ese lugar se llama Plymouth y está en Massachusetts.

Los Peregrinos comenzaron a explorar el territorio. Al principio no encontraron a nadie. Los Wampanoag de Patuxet y otros miles de nativos habían muerto a causa de una terrible epidemia que habían traído los pescadores europeos en 1616.

Al cabo de unos días, los Peregrinos comenzaron a instalarse. El invierno se acercaba; sabían que necesitarían viviendas sólidas y un sitio para almacenar los alimentos. Mientras las mujeres cuidaban a los niños, los hombres se pusieron manos a la obra.

Los Peregrinos construyeron una gran casa a la que llamaron "Casa Común".

Llegó el invierno con su frío intenso y
sus fuertes nevadas. A los Peregrinos no les
quedaban muchos alimentos de su viaje y
pasaron hambre. Trataron de mantenerse sanos
y contentos, pero muchos se enfermaron.

La Casa Común se convirtió en un hospital,
pero no era lo suficientemente sólida para
protegerlos del frío, ni de los fuertes vientos
y las tormentas de hielo. Muchos murieron.
Sólo 50 personas sobrevivieron ese horrible y
largo invierno.

Por fin, un día los Peregrinos notaron que
el duro invierno había terminado. Los pájaros
cantaban y las hojas empezaron a brotar.
Había llegado la primavera.

Una tarde apareció un nativo. Los Peregrinos
se sorprendieron cuando el hombre les dijo:
"Bienvenidos, ingleses". Este hombre había
aprendido inglés de unos mercaderes que
habían venido de Inglaterra. Se llamaba Samoset
y pertenecía a la tribu Abenaki.

Otro día, Samoset trajo a su amigo Squanto y lo presentó a los Peregrinos. Squanto también sabía hablar inglés. En 1614 lo habían secuestrado para llevarlo a Inglaterra, y había regresado cinco años después.

Squanto les enseñó a cultivar el maíz. Les explicó que si enterraban un pescado dos semanas antes de la siembra, el maíz crecería más sano y rico.

Los Peregrinos, agradecidos, plantaron
el maíz como Squanto les había enseñado.
También plantaron semillas de frijol y calabaza.

Aprendieron a pescar anguilas y a sacar almejas.

Al cabo de un tiempo, Squanto los visitó
con Massasoit, el gran jefe de la tribu
Wampanoag de Pokanoket. El cacique venía
acompañado de 60 hombres que querían
conversar y saber para qué habían venido
los ingleses a sus tierras.

William Bradford y el Cacique Massasoit
hicieron un pacto. Prometieron apoyarse
mutuamente para defenderse de los
enemigos.

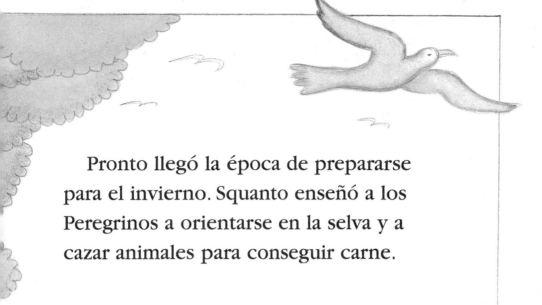

Pronto llegó la época de prepararse para el invierno. Squanto enseñó a los Peregrinos a orientarse en la selva y a cazar animales para conseguir carne.

Los Peregrinos construyeron más casas. Trabajaron mucho durante todo el verano. Al final del verano habían construido siete casas pequeñas.

Con la llegada del otoño las hojas fueron cambiando de verde a amarillo, dorado y marrón. Los Peregrinos tuvieron una buena cosecha de maíz, calabacines, frijoles y enormes calabazas anaranjadas. Estaban agradecidos por todos estos alimentos.

Estaban tan felices que decidieron hacer
una gran comida para dar gracias por todo
lo que tenían. Ese otoño, en octubre de 1621,
celebraron la fiesta de la cosecha.

Los hombres cazaron pavos y las
mujeres los prepararon para el festín.

Los peregrinos celebraron ese día con
el cacique Massassoit y noventa nativos
Wampanoag. Los invitados trajeron
un ciervo, hicieron una hoguera y lo asaron.

En la mesa había bandejas repletas de
carne, pasteles, panes de salvado, budín
de maíz, fresas, uvas, ciruelas secas y nueces.

Los Peregrinos y los Wampanoag festejaron durante tres días; comieron en abundancia, cantaron, bailaron y jugaron.

Más tarde, el presidente Abraham Lincoln proclamó ese día como el Primer Día de Acción de Gracias, y en 1863, instituyó el cuarto jueves de noviembre como el día oficial de "*Thanksgiving*".